Friedrich E. Vogt

Bsonders süffige Tröpfla

Die Schwaben und ihre Mödele' –
auf die Schippe genommen

VERLAG KARL KNÖDLER REUTLINGEN

Copyright 1974 bei Verlag Karl Knödler
Alle Rechte, einschließlich des auszugsweisen Abdrucks
und der fotomechanischen Wiedergabe, vorbehalten.
Umschlag: Robert Eberwein, Ditzingen
Gesamtherstellung: Eichhorn-Druckerei, Ludwigsburg
ISBN 3-87421-048-0

VORWORT

Ja,
au dr Schwòb,
der lebt heut nemme
en dr Hauptsach bloß
von Brezla,
Spätzla,
Knöpfla –

ond uf seim Tisch
stòht net bloß
Bier
ond Most.

A'a',
au er folgt gern
dem heutiga Trend:

er langt zor Wohlstandskost
ond schlotzt
sei' täglichs Viertele
von de oigne, guate
bsonders süffige
Tröpfla.

SCHWÄBISCHE WEINKANTATE

(vertont von Alfred Kluten)

Chor:
Auf Leutla, rücket d Stüehl an d Tisch
ond spitzet Ohr ond Zonga:
Heut sei dr edla Gottesgab,
em Wei', a Lobliad gsonga!

Bariton:
Dr Wei'gott spickt durch d Scheiba rei',
Sankt Urban lacht em Eck,
am Tisch-End bobbert s Rickele,
am Ausschank spannt dr Beck.

Tenor:
Em Keller wartet Faß ond Fäßla,
ond uf em Büffee Flasch ond Fläschla,
ond leere Krüegla, Glas ond Gläsla!

Chor:
Was fehlt, was fehlt?
Dr Wei', dr Wei'!
Komm, Rickele, komm,
schenk ei', schenk ei'!

Duett:
(Tenor und Bariton im Wechsel)
Ond etzt sprengt se,
d Gläsla schwenkt se,
d Fläschla brengt se,
ond etzt schenkt se ...

Chor:	... jedem ei'!
Duett:	Wia des träufelt, wia des gluckert, wia des leuchtet, wia des duftet ...
Chor:	... schwäbischer Wei'! Stemmet mit ei':
Chor:	Du sollst, als Seelastrost, als Gaumafreud, als Augaweid, emmer ond ewig priesa sei'!
Bariton:	Doch halt! doch halt! Wo emmer beima Viertele wird zammagsessa, därf mr da' Wengerter fei' net vergessa: Von vornarei' muaß der am oig- na Leib en Toil

vom Wei'glust sei'-
ner Kondschaft büeßa!
Was hòt r net,
bevor des Tröpf-
le vor ons stòht,
em ganza Jòhr
durch schaffa müeßa!

Tenor: Hacka, pfähla, Dong herfüehra,
überschüssige Trieb penziera,
Zapfa schneida, d Reba benda,
sich mit Kraut ond O'kraut schenda,
geiza, felga, schnaufa, schwitza,
ond, wenns Zeit ist, nex wia spritza!

Nontergschwemmta Boda buttla,
über irgendebbes bruttla.
D Stäffela ond d Mäuerla flicka,
sich verstrecka ond sich bücka:
Früeh ond spät, tagaus, tagei'
uf de Füeß om d Rebstöck sei'!

Drzua älls Wengert-

schütz noh macha:
Mit Peitschaknall,
Pistolakracha,
mit Räätsch ond Schwärmer
d Vögel, d Menscha
ond s Zieferzeug
zom Kuckuck wönscha!

Sprecher: So schafft mr, wartet,
bättet mr om Gottes Sega,
om viel Sonn
ond wenig Rega,
om milda Tau ond Nebel, wo
om d Wei'stöck braut
ond d richtig Würze en
de Trauba baut.

Ond endlich, endlich
ists soweit:
dr Herbst ist dò,
s ist Lesezeit!

Pönktlich, nòch em Lesepla',

rücket d Leser morgens a',
schaffet onter Spaß ond Gsang
bis zom Sonna-Ontergang.
Ja, dò gibts jetzt hondert Sacha,
wo d bedenka muaßt ond macha:

Chor: Trauba schneida mit dr Scher,
Butta traga zentnerschwer.
Älles gschickt organisierá,
d Standa stella, fülla, füehra.
En dr Kelter raspla, pressa,
d Öchslegrad ond s Quantom messa.
Dò s erst Tröpfle gschwend versuacha,
dò amòl loba, dort amòl fluacha.

Ond so lauft s Rädle
Tag für Tag,
von Michel bis
zom Martinstag,
bis zguaterletzt
des süeße Naß
em Keller lustig
schafft em Faß.

Duett:
(Tenor und Bariton)

Ond so gòhts zua em Zabergäu,
em Necker-, Rems- ond Bottwartal,
am Stromberg, uf der Weibertreu,
om Stuagert rom ond überaal.

Ob d Lese reng ist oder reich:
Wo Wei' wächst, ist au d Ärbet gleich!

Sprecher:

So, derweila aber hòt em Keller
mr vom Haus ond von der Gnossaschaft
älles, was dr neue Jòhrgang
gliefert hòt an Rebasaft.

Ond etzt rücket mit dr volla Briaftasch
au dia Kaufleut a' von Stadt ond Land,
holet sich ihrn Vorròt zamma von dem Neua,
und der wird jetzt überall pflegt mit Liabe
ond Verstand.

Ond en älle Keller woiß dr Kellermoister
nòch de boide erste Abstich scho':
der dò sott em Faß noh bleiba,
aber den dò sott uf d Flasch mr to'!

Der dò gibt a Wei'le guat zom Vespra,
der wird recht, bleibt bloß a bißle klei'!
Der dò aber hòt sich sauber ausbaut,
ist a bodaguater Festtagswei'!

Kurz ond guat:
am End ist jeder Wei' versorgt,
kriagt sei' Etikettle,
wurd verkapselt ond verkorkt.
Heut wird probiert ond kauft,
ond morga gòht r naus,
ond mit dr Zeit
schenkt mr n em ganza Land rom aus!

Tenor: Ja, was send denn
en de Fäßla,
en de Fläschla
au für Sorta?

Liaber Ma',
dees muaßt wissa,
dia muaßt kenna,
dees ist wichtig,

dòdrdruf kommts
nämlich a'!
Wenn de so en
Viertelesschlotzer,
so en Wei'zah',
fròga tätst vom
Schwòbaland,
Hätt der glei de
schwäbisch Wei'kart,
groß ond farbig,
schö' g'reimt, en seim
Hirn zor Hand:

Tenor,	Stuagerter Kriegsberg
Bariton und	Cannstatter Zuckerle
Chor:	Niedernhaller Distelfenk

Stettener Pulvermächer
Bottwarer Brüssele:
He, dia machet oin froh ond flenk!

Strömpfelbacher Sorge'brecher
Grunbacher Klingle

Rozenberg von Mundelsheim
Heppacher Schlürfer
Schnaiter Halde:
laufet nei' wia Honigseim!

Marbacher Schiller
Fellbacher Lämmler
Endersbacher Klenge'wei' –
Ond drzwischa
muaß a Fläschle
au von Oberderdenga sei'!

Hessigheimer Felse'garte'
Besigheimer Wurmberg
Beutelsbacher Feuerwand
Heilbronner Stahlbühl
Lauffener Schwarzer:
Ja, dò kommet noh ällerhand:

Sterne'felser Roter
Eilfenger Berg ond
Spätles' aus em Neuffener Tal
Ingelfenger Schloßgeist

                Criesbacher Perle –
                ond noh meh standet zor Wahl!

Sprecher: Wemmer älle dia versuacht hòt,
                mit dr Zeit, so Kruag om Kruag,
                ja, nò kennt mr onsre Wei'la,
                doch mr kennt se garnia gnuag!

                S Resultat von dem Versuacha?
                S Zeremoniell drbei?
                D Schwòba kennets. Ond de Fremde?
                Augablick – mr sagts euch glei:

Bariton: Sauf net, trial net,
                schlotz dei' Wei'le!
                Laß dr Zeit drzua!
                Ema Weile
                kommts nò über de
                wia de selig Ruah!

                Lupf dei' Gläsle
                onter s Näsle!
                Schnupper z erst! – Bedenk:

Jedes Schlückle
ist a Stückle
Sonnaschei' – etzt trenk!

D Auglaternla
wia zwoi Sternla
glänzet bald von enna her:
des Gefonkel
bricht durchs Donkel:
hell wirds om de her – – – !

O'beschwert –
wia verklärt – –
schiabts de weg vom Weltgetömmel!
S wird dr leicht –
hopfaleicht! –
S ist dr grad, als wärst em Hemmel!

Sprecher: Ja, etzt macht der Duft,
des herrliche Bukettle,
ond des Bodagfährtle
sich em Seelakästle frei:

Bluamig – fruchtig
edel – wuchtig
rassig – würzig
spritzig – süffig,
Weißer – Roter
ond au – Schiller,
dò Silvaner, dort a Müller-
Thurgau, Lemberger, Burgonder,
Riesling, Trollenger mitonter – – –
Äll dia zamma zaubret mit dr Zeit dò dren,
tiaf dren em Ennera,
von dr schwäbischa Wei'landschaft
a fonkelfarbigs Konterfei!
Ond wer dees amòl
so recht en sich verspüert hòt,
bleibt drbei:

Tenor: Ob mr drhoim alloi' gemüetlich
s Gläsle lupft,
ob mit seim Schatz mr irgendwo
a Viertele supft,
ob mr am Stammtisch älls mit sei-

                ne Freund oin tupft – – –
                Dees oine woiß mr gwiiß:

Bartion: Wenn drs uf dera
wüesta Welt
zo manche Zeita
grad so gfällt,
wenns de drhoim
genau so hält
als wia em Paradies:

Soli und Chor: Nò kann des garnet anders sei',
nò trenkst du pura Sonnaschei',
nò bist em Schwòbaland,
beim Schwòbawei'.

Tenor: Ob uf dr Welt du emmer fröhlich
bleibst ond jong,
ob sich uf oimòl wonderselig
löst dei' Zong,
ob ebbes dih so zecherlustig
brengt en Schwong – – –
Dees oine woiß mr gwiiß:

Bariton:	Wenns en deim Herz dren sengt ond lacht, dei' Phantasie en Hopfer macht, du dih verträumst a ganze Nacht, als wia em Paradies:
Soli und Chor:	Nò kann des garnet anders sei', nò trenkst du pura Sonnaschei', nò bist em Schwòbaland, beim Schwòbawei'!

EBBES BSONDERS?

Se schreibet
scho von jeher
ond au heut
so oft, so manches
über d Schwòba:

s muaß sich an ons scheints
ebbes Bsonders
zoiga!

Dòzua moin i:

De Köpf, em Gfriis, de Gsteller nòch
send mir koi' Härle anderst
weddr dia von weiter droba.

Bloß: onsrer Art nòch, jò,
ond dòdrdrenna, was ond wia mir
schwätzet –
dò semmer also doch scho
ebbes
oiga!

TYPISCH SCHWÄBISCH

Wemmer des Wörtle „o'a'gnehm"
o'gstroift
durch d Na's durch
schwätzt,

wemmer a „Viertele"
meh wia a „Halbe"
schätzt,

wemmer – em Schnitt –
meh Zaster uf dr hoha Kante hòt
wia andre
en dr Bondesrepublik,

wemmer drom desdrwega
ond en sonstige Ponkt
könnt a'gä
stiefelsdick,

ond wemmer oinaweg en dem,
wia überhaupt en älle Überschwenglichkeita,
zemmlich bhäb isch –
deesch typisch
schwäbisch.

I ROT DR:

Fahr mit dr Bah',
fahr mit m Auto,
fahr mit m Flugzeug,
fahr mit dr Raket!

Scho recht:
des ist modern,
des ist bequem,
des gòht schnell,
aber:

s macht de au lommelich
ond fett
ond krank.

Drom:
nemm a bißle Temposchwond
en Kauf,
bleib wiif,
bleib xond,
bleib schlank:
fahr a Mòl weniger
oder steig zeitig aus ond –
lauf!

EI'SICHT

A bißle Geld
ond ebbes Glück,
viel Gsondheit
ond noh viel meh Liabe.

Ond nò
(von mir aus relativ)
jong, jong noh sei' drzua!

Solang d dees hòst ond bist,
ist älles andre
o'nötigs Zuagschuck,
Zeitverplemperete
ond
gispelichs Getua!

S IST EBBES DRA'!

(für Willy Grüninger)

I han s scho emmer gspürt:
s ist ebbes dra',
daß mr alloi',
ganz ohne A'spròch,
net leba ka'!

Ond seit e älter werd,
spür e noh meh:
erst s Om-de-romm
ond s Laß-me-au-mit
macht s Leba schö'!

DES LIEGT AN DIR!

Ob du a Schnòkahuaster bist
oder a gstandener Ma',
ob d mit era Wackelschnättere liaber fährst
wia mit dr Bah',
ob d Welt mit grade Auga a'guckst
oder hentrefür –
des liegt an dir!

Ob s dih nòch Hentertupfeng ziagt
oder nòch Kirkenes,
ob dir Langustaschwänz zom Vesper liaber send
wia Bachstoi'käs,
ob de Schampanjer brauchst, ob d zfrieda bist
mit ema Gläsle Bier –
des liegt an dir!

Ob du a wüester Bruttler wurst
oder a Seelamensch,
ob du dih ond dei' Ebabild sempathisch fendsch
oder verreißa könntsch,
ob du em Feuerhäfele landest
oder vor dr Hemmelstür –
des liegt – no, also saget mr
doch zoma guta Toil – an dir!!

FOMMLA

An jedem Samstich muaß
dr Schwamm, dr Lederlappa raus,
dr Oimer ond
dr Schlauch.

Uf Buckel,
Knia
ond Bauch
schrubbst wia a Gottesnickel
an deim Benzinvehikel.

Staub,
Rost
ond Dreck
muaß bis ufs letzte Tüpfele
weg!

Schier o'begreiflich ist oim
so a Säuberongswuat,
vor ällem wemmer sonst nia nex
dergleicha tuat.

Ja –
wenn d
bloß halb so viel
au an dir selber
(ussa ond enna)
fommla tätst,
dees,
des wär
guat!

MUASS DEES SO SEI'?

Muaß dees so sei',
daß d Leut sich Hond ond Katza haltet
ond Kanarie'vögel,
ond fuatret se,
ond strieglet se,
ond möget se,
ond ihrem Nebamenscha könntet se . . .
grad Gift gä
könntet se m!

Muaß dees so sei',
daß d Leut sich
schöne Hüet ond Gwändla kaufet
ond seidene Hemmeder,
ond putzet se,
ond bürstet se,
ond büglet se . . .
Ond was drdronter ist an Leib ond Seel
ka' ruhich verwahrlost
ond vergammelt sei'!

Muaß dees so sei',
daß d Leut etzt scho zigtauset Jòhr
vom Friede' uf Erda schwätzet,
ond schreibet drüber,
ond bättet drom,
ond ziaget en Heidalebtag uf drwega...
Ond wenn de romguckst,
ist ällaweil noh
nex wia Kriag ond Streit ond Händel
überaal!!

VERSCHIEDENE STANDPONKT

Ob d Welt om d Sonn,
ob d Sonn om d Welt sich dreht,
ob de an Buddha glaubst,
an Mithras oder Mohammed,

ob d Liab a Hemmelsmacht sei
oder Teufelei,
ob du dr Henn d Priorität gibst
oder em Ei,

ob s Bätta oder s Fluacha
weiterhilft,
ob der, wo lux tritt, besser ist
wia der, wo goscht ond gilft,

ob s Weib sott d Hosa a'han
oder dr Ma' –
des kommt halt jeweils
uf da' Standponkt a'!

SO KAMMERS AU MACHA!

A Dichter
gárnet mit sich zfrieda meh
(seine Gedanka send passee!)
kommt ama schöna Tag
uf a ei'leuchtende
Idee:

Er tippt uf sei'ra Schreibmaschee
fei' säuberlich –
a paar Gedankastrich.

Nò hòt r
mit ema Radiergommi
dia Strich
zo Staub
verrieba,
den Staub en d Luft nufblòsa ond –
d Gedanka
send m
blieba.

ABENTEUER

I lieg älls so
nòchm Mittágsmenü
uf meiner Schaiselongü.

Ond so mitonter
läßt dòbei älls a Spenn
an ema Fada vom Plafoo
sich uf mih ronter.

I hätt scho oft
mit mei'ra Zeitong gern
nòch era patscht
ond se so mit oim Klatsch
vertatscht.

Doch emmer kurz drvor
spitzt se ihr Ohr
ond nottelt
(om mih z verschrecka!)
an ihrm Fada
ond zottelt
(ja, was könnt se anders too?)
dra' zrück ond
am Plafoo
drvoo!

BLÖD!

Blöd,
daß grad ufm Kappadach
i blutt
ond arschglatt be'!

I wött:
dort wüüchset Hòòr
ond i wär kahl
am Ke'!

NIA NIANEX!

Wer nia ens Wasser gòht,
der lernt nia schwemma.
Wer koine Hòòr meh hòt,
ka' sich net kämma.

Wer nia a Mädle ma'g,
der lernt nia s Küssa.
Wer nia a Erbschaft macht,
wurd au nia bschissa.

Wer nia en Dulloo hòt,
bleibt katzanüchtern.
Wer nia en Rand riskiert,
der ist halt z schüchtern.

Wer nia ufs Pfeifa horcht,
der lernt nia tanza,
ond wer bloß d Hälfte frißt,
kriagt nia en – Bauch.

S gibt aber neamer net,
wo nianex tuat,
drom gschieht au nia nianex:
ond dees ist guat!

BOIDES

Wenn oiner boides ka'
ond ma':

Von ema alta Brückle
en a Bächle jucka –
Aus era Boeing
en da' Ozean spucka,

Aus ema Försterskloba
selberzogena Tubak schmaucha –
En gschmuggelta Marihuana-
stengel schlaucha,

Als Wandervogel
durch Wies ond Wälder zockla –
Als Beatle oder Hippie
übers Großstadtpflaster jockla,

En ema Campingzelt
schwarz Brot en gstandene Milch ei'brocka –
Em Hilton zom Souper
bei Sekt ond Kaviar hocka,

Bach spiela ufm Cembalo –
glei druf
da' Louis Armstrong mima
uf dr Jazztrompet ond so ...

Ob des von Schizoidis zeugt
oder von Psychogenialität,
ist ebbes,
was e zua gern
wissa
tät.

UF OA'MÒL...

(in Alt-Deufringer Mundart)

Uf oa'mòl hòts a-n-End
(viel z ball)
mit Früehleng,
Schlajablüegets
on Badenka.

Uf oa'mòl sen se furt:
dei' Jugetzeit,
deine blitzheale Gucker,
deine Rollahòòr.

Uf oa'mòl ist älles
vrbei,
ist älles nemme dò
on nemme wòhr.

Doch:
wenn dr no' noh ebbes
e de Na'safliigl bleibt
on e de Augawenkl,
wenn drsch noh dee'kt,

wenn de noh oa'mech schwätzst,
noh ämml troomst drvoo,
nò isch a Zoacha:
s ist au äwweil ema-n-Eck,
em Hearza henna denna
a weng vo ällem
noh.

Schlajablüegets = Schlehenblüten
Badenka = Schlüsselblumen
oa'mech, mhd. einwâ = irgendwo
ämml = allemal, gelegentlich

PROBLEM

(für Dr. med. Richard Wagner)

Mir werdet
au en Zuakonft
net
en Herztransplantaziona
schwemma,
au wenn dees
d Technik
möglich macha
tät.

S Problem ist nämlich dees
(s hangt mit m Menscha direkt,
mit seinera Konstrukzio'
hangts zamma):

Wia will denn oiner
ema andera
sei' Herz vermacha,
ond er hòt selber koi's
oder bloß oi's
aus Stoi'?

DR KUTTEROIMER

Sei' Bauch schluckt älles:
Fischgräta, fauliche Äpfel ond Banana,
ranzicha Butter ond verschemmelts Brot,
wurmiche Rettich, Wursthaut
ond Kartoffelschala,
leere Konservabüchsa, Kaffeesatz ond Knocha ...
was de an Abfall halt
an Dreck ond stenkets Zeug em Haus
verstecka muaßt,
daß s überaal sauber, appetitlich bleibt,
damit koi' Guuh ufkommt,
damit koi' Ziefer wächst,
damit koi Pilzgflecht, koi' Bazillabruat
sich bildet.

Mr brüücht wohl au
en irgendema Wenkel vom Haus
en Kutteroimer noh für andera Dreck,
für Abfäll aus dr Giftküch en oim drenna:
en Kutteroimer
für wüeste Ausdrück, Flüech,
für stichliche Beleidigonga,

für teufelhäftichs, mürrischs Gschwätz,
für böse, kalte Blick . . .

damit net dees em Lauf dr Zeit
en Eck ond End sich sammelt
ond Rattanester sich
von Stank ond O'ròt bildet;
daß net de guate Goister
verschupft,
vergrämelt ond
verhädert werdet,
daß net dr seelisch Schnaufraum
mäuchelet
ond
schrompft.

Guuh = Geruch, vom französischen goût

S KANONAÖFELE

S stòht uf dr Behne
em Eck
glanzlos,
verstaubt,
ei'gmacht von Spennawebba.

Bloß ab ond zua noh
leuchtet a Stückle von em uf:
dia paar Minuta, wo,
manchmòle,
d Sonn durch a Ziagelluck
zom Dach rei'spickt.

Vor zwanzig Jòhr noh
hòts selber gleuchtet:
s Feuer durchs Glemmerfensterle
an seim Türle.
Ond manchmòl hòts
am ganza Bauch rom glüeht,
wemmer z viel Brikett
dren nei'gsteckt hòt.

Ja, dò ists noh
en onsrer Stuba gstanda,
de oi'zig Heizquell
vom ganza Haus.

Nò hòt mrs nuf uf d Behne,
weil nò ist s Wirtschaftswonder komma:
Heizkörperrippa überaal em Haus,
a Heizöltank em Sutterai'
ond Heizöl dren.
Ond s hoiße Wasser ist
vom Sutterai' bis en Behnestock
em Krois durch Rohr ond Rippa
von onta nòch oba
ond wieder nonter
gloffa.
Ond überaal ists warm
ond trocka –
bald viel z trocka
gwä,

soo trocka
überaal
d Luft em Haus,
daß oim so langsam sogar s Herz
vertrocknet ist.

Drom,
emmer wenne uf d Behne komm
ond s stòht des ausranschiert Kanonaöfele
so vor mr dra',
nò denk e an dia Zeit,
wo s wenters
(an dem oine Fleck em Haus)
älls gleuchtet hòt
ond glüeht,
wo s zwòr noh net so warm ist gwä
(ond höchstens en dr Stuba bloß),
doch nergends soo trocka,
soo wirtschaftswonderheizongstrocka
wia heut.

EI'DOOLT

(gäuschwäbisch)

Ei'doolt
gaa'z onterem Boda,
so lauft schao' lang durch ao'sern Flecka
ao'ser Bach.

D Auto
hòt r scheniert,
weil se hent weaga-n-ehm
nemme reacht Platz zom Saua
on zom Überhola gheet;
on gstonka hòt r ämml halt
a'héba-n-au.

Iatz wemmer dih,
mò dau doch au dih
veil veil z broat mechst,
on oft dei Gsenneng mäuchelet
vo weitem schao',
wemmer iatz also dih
au oamets nei' tät pressa,
daß dau de nemme romm

on nomm
bewega köö'test –
Nò wiißtest,
wia s deam Bach,
deam Bach, mò hòt soo lang
durrech ao'sern Flecka offa laufa däffa,
zmuat muaß sei'!

ämml = allemal, machmal
a'héba = allmählich
oamets = mhd. einwâ, irgendwo

EM STRANDBAD

Dò lieget se, a Hektar Bäuch ond Hentra,
mit pralle oder schlaffe Busa ausstaffiert,
dò schwitzet se, da' ganza Ranza ultrazeozon-
                              verschmiert,
ond pflòtschet rom em Sand, als wölltet se dren
                                    überwentra!

Bloß ab ond zua, dò hebt von dera Floischparade
a Stück sich hoch, tappt tappich über d andre nei',
steckt sich a „Lord" ens Gsicht, ziagt tiaf da' Rauch en
                                    d Longa ei',
ond holt a Hoiße sich mit Senf, a Bier oder a Lemonade.

Em Wasser dren bewegt sich koi' Prozent von dera
                                    Masse:
S Wasser ist naß, versaut d Frisur, wischt d Bräune weg!
Schwemma macht müed, schadet em Wohlstandsspeck!
Na'liega! triala! bròta! raucha! vespra! trenka!
                                    dees ist Klasse!!

ITAKER

Itaker
loinet sonntichs
am Treppagländer em Hauptbah'hof:
pechschwarze Rollahòòr,
strichschmale Menjoubärtla,
kloi',
wuselich,
wiif,
Hoimweh em Herza drenna
nòch Itaka.

Itaker
fuchtlet mit Händ ond Füeß:
laut,
wortreich,
wia em Theater gòht drs zua
bei ihrer Konversa's
vom Marktplatz,
von dr casa,
von dr mamma,
von de bambini bambine irgendwo drhoimt
en Itaka.

Itaker
buudlet morga wieder uf em Bau,
schennäglet am Band beim Daimler,
schloifet Bier ond Göckele a'
em „Wiener Wald",
schaffet da' Dreck,
den wo mir selber nemme schaffa möget.

Itaker
werdet morga wieder romgschuckt,
uf d Schippa gnomma,
ausboint
ad maiorem gloriam
vom deutscha Wirtschaftswonder.

Ond erst am nächsta Wocha-End
send se wieder Menscha,
so wia heut:
loinet em Hauptbah'hof
am Treppagländer,
vergesset Kapo, Moister, Chef,
Bau, Band, Büffée,

da' ganza Dreck
ond de ganz BRD.

Ond schwätzet bloß noh
von drhoimt:
vom Marktplatz,
von dr casa,
von dr mamma,
von de bambini bambine
irgendwo dòhonta
en Itaka.

FÖHN

Blei
en de Füeß,
en Stoi'
uf dr Brust,

zo koim Denka,
zo koim Gschäft,
zo koim A'bandla
Lust.

Griffbereit
em Arzneibixle
Persantin,
Ildamén:

So spürst
von de Alpa her
d Pratza
vom
Föhn.

DE GROSSE VIER

Älles spaltet
heut afánga
sich
ond dih
ond mih:

net d Atom bloß, noi', ao
d Poletik,
d Wissaschaft ond d Konst,
d Religio',
d Philosophie.

Was ons BDRler
noh am gleicha Soil hält,
schrompft dr zamma
uf dia große Vier:

Fuaßball,
Fernsehkrimi,
Fressete,
Flaschabier.

SO AB OND ZUA

So ab ond zua

d Griff von era Rohrzang, bis de blau wirst,
zammapressa,
a dicke Zigarr samt dr Banderole
fressa –
a Telefo'buach oder sonst en Schonka
en tauset Fetza reißa,
senkrecht ond dreißig Meter hoch
en d Luft nuf sch-pucka –
mit Kommißtrittleng an de Füeß
em dicksta Schlonz rompatscha,
en Bolla Hefatoig oim en d Visaasch
nei'klatscha –
an deine Hosaträger ziaga, bis se fatzet,
en Schroi nauslassa, daß de andre
d Trommelfeller platzet –
a Telegrafastang mit ema Vorschlaghammer
o'gspitzt en da' Boda haua
en dr Wuat – – –

mmm – dees tuat guat!

ADE

(nach und für Wilhelm Staudacher)

Ade.
Des secht mr so na',
so leicht ond so rond,
ond s gòht über d Lippa
wia Öl,
älle Tag hondertmòl,
älle Tag.

Ade.
Dò ist net viel drhenter.
Des wird na'gschmissa,
na'ghängt,
na'gsetzt
als Ponkt.

Aber manchmòl stòhts uf,
großmächtig, schwer,
ond legt sich uf d Zong,
ond will net,
will über d Lippa net
wia älle Tag hondertmòl,

wia älle Tag,
will net.

Weil: dò guckst
uf Bloama ond Kränz,
ond dees dò dronta
ist still,
koi' Wörtle kommt ruff.

Ade.
S liegt uf dr Zong
ond s will net,
will net über d Lippa
wia sonst älle Tag
hondertmòl.

FAZIT

(für Ernst Beilharz)

A bißle Ernst
ond a bißle Spaß,
a bißle Liabe
ond zemmlich Haß,

a bißle Herrgott
ond arg viel Teifl,
a bißle Glaubets
ond häufaweis Zweifl,

fast koi' Vrständnis,
wenich Geduld,
a Na'sawasser em Habet,
a Butta voll Schuld,

saumäßich viel Dommheit
ond so selta Schenie,
ond meh Holzhammerpraxis
wia Diplomatie.

So ischs gwä uf dr Welt,
so ischs,
so wurds sei',
ond wer gscheit ist,
der stellt sich
dò beizeit
drdruf
ei'!

ÜBERS ÄLTERWERDA

(in Stuttgarter Honoratiorenschwäbisch)

Schö'? – des ka' mr net werda, des muaß mr scho sei'! Außer mr zählt zo de Weiberleut. Bei dene gibts jò dò a Mittele. Wia hòt doch d Lara Zilinder zo onsrer Jugendzeit älls gsonga? „Eine Frau wird erst schön durch die Liebe!" (Was werdet mir Männer durch die Liebe? Blend! Ei'zeiselt! Ei'kassiert! Ausgmergelt!).

Groß ond stark werda?! – des ist au so a Sach! Au dò muaßt d A'lag drzua scho mitbrenga. Mit Guat-Vespera ond mit Hantla-Stemma ka'st höchstens noh a bißle nòchhelfa.

A'gseha werda?! – dò ka'st net drmit rechna, außer de hòst en Hottvollee zom Vatter oder a Vetterle em Hemmel oder em Bondestag etsätterapepe. Sonst muaßt scho ebbes leista, ebbes vorzeiga könna – em Gschäft, en dr Poletik, en dr Konst, em Sport ond so . . .

Reich?! – des ka'st scho eher werda. Aber: dò muaßt Dusel han, oder en Erb-Onkel, oder en Riacher für d Konjonktur, oder au – koine Gwissensbiss!

Gscheit werda, hell em Kappele?! – no, also dò send zom Beispiel d Schwòba guat dra'. Vorausgsetzt, daß se ihren Vierzger verlebet. Weil: an dem Tag schnackelts bei dene bekanntlich. Se merket dees uf älle Fäll selber. Ond manchmòl merket s au de andere!

Bei ällem, was de werda witt, hòts also seine Hòka! Bloß: alt – des wurd a jeder. Ond von ganz alloi'!

Des hoißt: ehb mr alt wurd, wurd mr „älter"! Erst über da' Komparativ landest beim Positiv (wo s doch sonst omkehrt ist!). Drbei machst drzuana' au noh a äußerst hentergröndiche Mauserong durch: lang bist *„a älterer Herr"* (ond solang de dees bist, tuats noh lang!), so lang, bis d ama schöna Tag *„a alter Ma'"* bist! Etzt wirds letz! Etzt standet de jonge Fräulein uf en dr Strößabah', wenn de rei'kommst. Etzt führet se de em Kino ond em Konzertsaal en de erst Roih vor. Etzt haltet se Sempatol parat, wenn de je en dr Schwebekabin uf da' Pfänder nuff fahra sottest!

Zwòr – se wartet au mit dir druff, daß de omgänglicher wurst. Ond vor ällem „weiser" (mit woichem „s"!). So wia s en de Büecher gschrieba stòht: die „Weisheit des Alters"! Se wartet druf. Du wartest druf. Du spürst au deutlich ebbes. Aber, wenn de gnau ufpaßst, was de dò a'wandelt, nò ists net Weisheit, noi', s ist – ganz ehrlich gsagt: Müede! En älle Glieder – ond ontrem Kappadach au!

Wenn de zom Beispiel uf dr Königstròß spaziera laufst: früher bist dò samstichmittags stondalang uf ond ab patrouilliert, hòst d Häuserfronta, d Strößabah' ond d Auto gmustert, Lädla ond Lada, d Mädla ond ihre Wada – – – heut ziagts de nòch era halba Stond ens Schapmann nei' ond uf en Stuahl na' zoma Kaffeele (wenn r dr nex ausmacht!) oder ema Kognäcle: de muaßt de äußerlich ond ennerlich stärka!

Ond etzt hockst dò ond guckst garnemme so viel rom. Noi', etzt denkst, denkst emmer meh en de nei'. Ond was de denkst? Därf mr s Deckele vom Häfele lupfa? Etzt denkst:

Ja, früher hättest gern „möga", hòst aber net „därfa" – heut tätest „dürfa" (dir da' Bauch voll schlaga, Roisa macha, sonstige Sacha), aber de „ma'gst" nemme – dr Schwong fehlt ond d Substanz!

Früher hòst d Figur ghet, aber koi' Geld zora entsprechenda Verschalong – heut könntest dr a Fitzerspenzerle loista, aber – dei' Gstell ist meh oder weniger aus em Leim!

Früher hòst Zäh' ghet ond net gnuag zom Beißa – heut könntst dr bergweis Sach uffahra lassa, aber – mit em Beißa haperts, trotzdem de dei' Gfriis hòst scho x-mòl überhola ond erneuera lassa.

Früher hòst en Lack-, en Boxcalfstiefel,
a Weile au en Knobelbecher, glänzt –
heut druckat de fast noh d Schläpper.
Früher, dò hòst Höpfer gmacht –
ond heut machst bloß noh Täpper.

Früher hòst de gern amòl
als Bel-Ami oder als Meckie uffrisiert –
heut ist dr letzte Rest von Hòòr
uf deiner Birn wia wegrasiert.

Früher hòst du *andere* kengelt –
heut fühlst *du* dih strapleziert.
Früher hòst du selber
ond heut *wurst* du dirigiert.

Früher bist ens Wirtshaus gschwärmt
ond hòst am Stammtisch tönt und glupft
ond graucht ond gspachtelt –
heut bleibst drhoim, bist beinòh abstinent,
ond wenn de s Maul uftuast,
nò wurst mit deiner A'sicht als verstaubt,
verkalkt ond gschuckt verdachtelt.

Früher bist drherstolziert wia a Venus-Jongfer,
wia a Adonis-Geck –
heut siehst, wenn de em Bad en Spiagel guckst,
z viel Knochawerk an dir
oder z viel Schwabberspeck,
ond – s hilft dr nex:
du brengst des net durch Ginsengwurzelsaft,
net durch Massaasch
ond net durch Remstalsprudel weg!

Dih ändert koi' Venyl meh,
koi' Gelée Royale,
du giltst als ausrangiert,
stòhst uf em Abstellglois,
bist „zwoite Wahl"!

Ond doch – wenn de bedenkst,
s gòht ema jeda amòl so,
nò schickst de drei',
nò kitterst en de nei' – – –

Nò spürst: s hòt au sei' Guats, wenn d so en d Jòhra kommst: de brauchst de nemme nòch dr letzta Mode z richtet. Wenn de a weiblichs Wesa bist, ka' drs etzt egal sei', ob se d Rocklänge uf zeah' Zentimeter oberhalb oder onterhalb von de Knia festsetzet – du läßt se soo ufhöra, daß deine Knia warm bleibet.

Und ob de zo deim Obendkloid sottest deine Hòòr krappaschwarz oder ziagelrot oder honigblond ei'färba lassa – du scherst de dò koin Deut meh drom: du läßt se grau oder weiß, läßt se höchstens a bißle ens lilablau nom „töna".

Ond wenn de a Mannsbild bist, nò ist drs wurst, ob mr en broita oder en schmala Gürtel trägt, ond ob dei' Hos onta ofarohr-, trichter- oder trompetaförmich auslauft: du trägst se mit Hosaträger ond soo, daß se om da' Äquator rom net spannt ond an de Wada dra' net lottelt. Ond dei' Frisur? Du pfeifst uf Beatlepilz ond Coupe Hardy. Ond wenns nemme zo Barras-Stupfla langt – a Mondscheinpromenadetäätz ist hygienisch ond soo praktisch!

Amore, Hot ond Op ond Pop, konzertierte oder exaltierte Aktiona en Poletik ond Wirtschaft, so Sacha läßt d höchstens noh von weitem an de na' – du bleibst retrospektiv-konservativ, bist auf älle Fäll zonächst amòl „drgega", machst dein gwohnta Rondgang oms Viereck, schlotzst ab ond zua dei' Viertele drhoim ond an deim Schweizerstompa, ond guckst, daß dei' Rente oder dei' Pensio' nauslangt.

Ond wenn de dia om de romm älle wia narret gruppa ond hetza siehst für des bißle Laß-mih-au-mit, nò schnaufst uf, daß de dees henter dr ond em großa Ganza dei' saubere Ruah hòst!

INHALT

Vorwort *3*
Schwäbische Weinkantate *4*
Ebbes Bsonders? *18*
Typisch schwäbisch *19*
I ròt dr *20*
Ei'sicht *21*
S ist ebbes dra'! *22*
Des liegt an dir! *23*
Fommla *24*
Muaß dees so sei'? *25*
Verschiedene Standpönkt *27*
So kammers au macha! *28*
Abenteuer *29*
Blöd! *30*
Nia nianex! *31*

Boides *32*
Uf oa'mòl... *34*
Problem *36*
Dr Kutteroimer *37*
S Kanonaöfele *39*
Ei'doolt *42*
Em Strandbad *44*
Itaker *45*
Föhn *48*
De große Vier *49*
So ab ond zua *50*
Ade *51*
Fazit *53*
Übers Älterwerda *55*

Im gleichen Verlag sind noch erschienen:

Franz Georg Brustgi	Heiteres Schwabenbrevier
	Schnurren um Franz Napoleon
Kurt Dobler	Remstäler Koscht
	Fürs Herz ond Gmüat
	Onser Hoimet
Karl Häfner	Mier Schwobe wearnt mit vierzge gscheit
Otto Keller	Babbel-Göschle
	Sacha ond Sächla zom Lacha ond Lächla
Lore Kindler	D'r Spätzlesschwob
Eugen Lutz	Mei' Wortschatz
	Schwabenstreiche
	Schwäbische Sprichwörter und Redensarten
Heinz-Eugen Schramm	Moinscht mögscht Mooscht?
	Magscht mi?
Wendelin Überzwerch	Uff guat schwäbisch
Werner Veidt	I möcht amol wieder a Lausbua sei
	Oh Anna Scheufele
Friedrich E. Vogt	Schwäbisch mit Schuß
	Täätschzeit

In allen hier angezeigten Bändchen findet der Leser und Vortragskünstler humorvolle, bodenständige und „bodagscheite" Gedichte, Witze und Prosatexte zum eigenen Vergnügen und zum Vortragen in fröhlichen Kreisen.

VERLAG KARL KNÖDLER REUTLINGEN